CHINE ET TONKIN

SITUATION GÉNÉRALE DU TONKIN

Affectation utile des crédits de la Métropole

CONSÉQUENCES DU TRAITÉ DE COMMERCE AVEC LA CHINE

RÉPUBLIQUE FRANÇAISE
LIBERTÉ — ÉGALITÉ — FRATERNITÉ

Paris, le 6 octobre 1890.

Le Sous-Secrétaire d'État des Colonies,
à M. Pallu de la Barrière,
24, rue des Fossés-Saint-Bernard, Paris.

MONSIEUR,

Vous avez bien voulu me soumettre, avant de le faire imprimer, un travail sur le Tonkin, que vous vous proposez de distribuer aux membres du Parlement au moment de la discussion du budget de l'Annam et du Tonkin.

En vous remerciant de votre communication, j'ai l'honneur de vous retourner, sous ce pli, le document en question dont j'ai pris connaissance avec intérêt, et qui ne pourra que contribuer à éclairer l'opinion publique, et celle des Chambres sur l'importance et l'avenir de nos possessions indo-chinoises.

Recevez, Monsieur, les assurances de ma considération très distinguée.

Signé :
LE SOUS-SECRÉTAIRE D'ÉTAT DES COLONIES.

CHINE ET TONKIN

~~~~~~~~~

PREMIÈRE PARTIE

Comme tous les ans, la Chambre va être bientôt saisie de la question du Tonkin, et nous voudrions plus que jamais que la situation de notre nouvelle possession fût assez bien connue, pour que les décisions prises par la métropole puissent être dégagées des impressions produites par quelques incidents périodiques, inhérents à toute conquête nouvelle ; la Chambre pourra alors en plus parfaite connaissance de cause juger de l'affectation utile des crédits qui lui sont demandés, et à un état précaire qui ne nous permet de vivre qu'au jour le jour pourra succéder une méthode suivie, supérieure aux changements de personnes aussi bien en France que dans la colonie, supérieure à quelques actes de piraterie ou de pillage souvent grossis dans les luttes de politique intérieure.

Nous ne saurions trop insister sur ce point capital, c'est qu'en dépit des mesures administratives qui ont constitué de nom l'unité de nos possessions de l'Indo-Chine, il existe une différence essentielle entre notre vieille colonie de la Cochinchine et notre nouvelle possession du Tonkin. Il suffit pour s'en convaincre de jeter un coup d'œil sur la carte. La Cochinchine, au moment de son occupation par la France, a été l'objet de revendications de suzeraineté de la part de la Chine ; mais ces revendications ne pouvaient avoir qu'un caractère platonique ; car elle est séparée par terre de tout contact avec le vaste empire chinois, et jamais il n'aurait pu venir à la pensée du gouvernement chinois de venir nous y inquiéter du côté de la mer ; cela est si vrai, que jusqu'à la conquête du Tonkin, tous les gouverneurs de la Cochinchine ont pu, en effet, considérer la Chine comme une
~~~~~~~~~

quantité négligeable, et s'abstenir d'aucuns rapports avec notre ministre à Pékin ; leur action de gouvernement avait à se préoccuper surtout des rapports directs de la Cochinchine avec les pays voisins, le Cambodge, le royaume de Siam et le royaume de Hué, sur lesquels notre protectorat a tendu à se développer ; le royaume de Hué, constitué de cette longue langue de terres montagneuses qui sépare la Cochinchine du Tonkin, était le tampon naturel qui nous mettait bien à l'abri de toute tentative désagréable de la part de la Chine.

Il n'en est point de même du Tonkin : il est en contact immédiat avec trois provinces chinoises :

1° Le Kouang-tung et le Kouang-sse, faisant partie du Tchou-kiang, par la rivière de Canton ;

2° Le Yunnan, province qui touche au bassin du fleuve Rouge, et au grand bassin du Yan-tse-Kiang, cette grande artère fluviale de l'empire chinois.

L'administration de ces deux possessions, la Cochinchine et le Tonkin, offre donc un caractère absolument distinct ; la Cochinchine n'a rien à démêler avec l'empire chinois proprement dit ; le Tonkin, au contraire, doit donner lieu à des rapports constants, aussi bien pour l'œuvre de pacification du côté des frontières, que pour l'application du traité de commerce. L'une est une colonie tranquille, assouplie à notre domination ; l'autre est une colonie qui se ressent encore des troubles de l'ancienne rébellion mahométane, qui eut son origine dans le Yunnan et le Kouang-sse, et des troubles plus récents du dernier conflit avec la Chine.

Puisque le courant de notre esprit de colonisation nous a portés au contact immédiat du vaste empire chinois, c'est par nos relations commerciales avec les provinces contiguës, c'est par la variété et la multiplicité des intérêts communs, que nous assurerons la sécurité de notre nouvelle possession. L'œuvre ne peut être accomplie avec un esprit de suite, que si nous avons à la tête de notre colonie un gouverneur muni de pouvoirs bien définis, et non pas un délégué du gouverneur de Saïgon.

L'homme qui a l'honneur et la responsabilité de gouverner un peuple a besoin, pour être à hauteur de son mandat, de s'inspirer constamment du contact de ce peuple ; il ne saurait le bien faire à distance. Que diriez-vous d'un gouverneur de l'Algérie ou de la Tunisie qui résiderait à Marseille ? et cependant Marseille n'est distant de l'Algérie que par une traversée de trois ou quatre jours, tandis qu'il faut huit jours pour aller de Saïgon à Haï-phong. Si tant est que l'unité indo-chinoise doive être inscrite comme un principe, la conséquence s'impose ; la place du gouverneur doit être à Hanoï et non pas à Saïgon.

L'importance du Tonkin, on ne saurait trop le répéter, réside donc dans son contact immédiat avec la Chine et dans les relations commerciales que l'on saura nouer avec l'empire chinois.

La carte fait ressortir d'une manière saisissante la nature et la portée des débouchés que nous possédons :

Pour les provinces limitrophes du Kouang-tung et du Kouang-sse, nous ne pouvons songer à détourner complètement le courant commercial, qui a sa voie naturelle par la rivière de Canton. On ne peut espérer détrôner Canton et Hong-kong au profit de Hanoï et de Haï-phong ; mais nous pouvons prétendre prendre notre part des échanges par les points commerciaux de notre frontière commune.

C'est vers le Yunnan que nous devons porter nos efforts pour créer et multiplier les moyens de communications faciles et réguliers.

Tous les efforts des explorateurs ont toujours eu pour but d'étudier les moyens de communications avec cette province, où viennent aboutir les cours supérieurs de l'Iraouaddy, au profit possible de la Birmanie ; du Mékong, au profit possible de la Cochinchine ; du fleuve Rouge, au profit possible du Tonkin ; du Si-kiang, grand affluent de la rivière de Canton, au profit actuel du Kouang-tung.

La carte indique d'une manière frappante tous les avantages que présente le bassin du fleuve Rouge ; c'est le plus court chemin du Yunnan à la mer, et dans des régions où l'on peut dire que les dépenses seront à bien peu près les mêmes par kilomètre pour l'établissement de voies régulières, soit qu'on les crée en Birmanie, au Tonkin ou dans les provinces du Kouang-tung et du Kouang-sse, c'est une supériorité marquée que de posséder le pays où la longueur des voies à établir sera la moindre. A côté de l'économie qui résulte des frais de premier établissement, le parcours minimum permet de grever moins le transit de la marchandise.

Le Yunnan est la porte qui permettra de pénétrer dans ces provinces intérieures de la Chine, les plus riches, qui constituent le bassin supérieur du Yan-tse-Kiang.

C'est en raison de cette situation géographique que l'Angleterre a poursuivi sa marche dans la haute Birmanie. La France ne doit donc pas oublier que l'ouverture du Yunnan est la principale raison d'être de notre conquête du Tonkin.

Le Tonkin réduit à lui-même, isolé de la Chine, serait une acquisition d'un avenir bien limité, non pas que son sol soit pauvre, mais parce que sa population est indolente, a peu de besoins et ne travaille que juste pour ne pas mourir de faim, en cultivant le riz ; ce ne sont point les pays fertiles qui font lacune dans le domaine colonial de la France ; nous avons, sans parler d'autres, notre possession des îles de la Société, l'île de Tahiti, capable de produire en abondance le coton, le sucre, le café, etc. ; mais il lui manque des travailleurs ; l'indigène n'a que des besoins limités que la nature généreuse lui fournit sans travail et sans efforts de sa part. Par contre, son climat ne se prête point à l'immigration de l'Européen, en tant que travailleur de la terre, pas plus là qu'au Tonkin. Il en résulte que le sol de Tahiti reste à l'état vierge ; mais Tahiti est une île et son avenir sera toujours limité aux produits de son sol proprement dit, tandis que le Tonkin est en contact par une frontière de plus de 800 kilomètres avec un vaste empire dont la population est éminemment travailleuse et commerçante, et sa grande valeur, sa valeur indiscutable, c'est de donner, par le plus court chemin, accès à la mer aux provinces méridionales de l'empire chinois.

A ce titre, il est bon d'examiner comment le commerce entre l'Europe et la Chine a pris si rapidement des proportions colossales à la suite de l'ouverture des ports de Chine ; car le phénomène qui s'est produit principalement dans les ports de Shanghaï et de Tientsinn devra se manifester à nouveau pour les points principaux de la frontière du Tonkin, où nous nous trouvons en contact avec les centres commerciaux chinois.

Après la guerre de 1860, qui donna lieu à l'ouverture de nouveaux ports de commerce, surtout à l'ouverture de Hankao, centre commercial de l'empire chinois, situé à six cents milles dans l'intérieur de la Chine, sur le Yan-tse-Kiang, il s'est produit une évolution rapide qu'il est bon de signaler, car elle peut servir de pronostic au mouvement que l'on peut provoquer sur les points commerciaux de notre frontière du Tonkin. La navigation du

Yan-tse-Kiang se faisait par des jonques chinoises, qui mettaient relativement un court espace de temps pour descendre le fleuve jusqu'à son embouchure, mais qui, par contre, perdaient deux ou trois mois pour remonter ce fleuve.

L'apparition plus nombreuse des bateaux à vapeur dans les mers de Chine, le contact et la vue de nos moyens rapides ne tardèrent pas à produire leur persuasion dans l'esprit de ce peuple pratique, et l'on vit s'inaugurer sur ce fleuve, qui est une des richesses de la Chine, l'application de ces grands steamers de rivières, d'un tonnage de 1,500 à 2,000 tonnes, et qui en trois jours ou trois jours et demi de temps peuvent remonter jusqu'à Hankao. Le transit, qui se faisait auparavant d'une manière imparfaite par les jonques chinoises, n'hésita point à employer des moyens de transport plus réguliers et plus rapides. Le gouvernement chinois lui-même entra carrément dans la création d'une marine commerciale et militaire ; la sécurité des mers de Chine s'en ressentit, et les échanges commerciaux décuplèrent. Ainsi donc, la preuve sous les yeux de nos moyens rapides de transports maritimes amena naturellement de la part de la Chine une innovation dans laquelle elle se perfectionne tous les jours. Il eut fallu des années et des années de négociations à Pékin, pour faire accepter même l'éventualité d'une semblable évolution ; rien n'est plus fort que le faisceau des intérêts directement engagés.

Eh bien ! nous pouvons donner sur terre, au Tonkin, la preuve analogue que l'Europe a donnée par mer à la Chine. Le jour où nous aurons créé un chemin de fer qui atteindra le Yunnan, ce jour-là nous aurons plus de force vis-à-vis des vice-rois des provinces méridionales de la Chine que ne sauraient nous en donner toutes les négociations platoniques qui viendraient s'échouer à Pékin contre la force d'inertie du gouvernement central. Ce seront les marchands chinois, tout-puissants avec leur système de corporations, qui feront la poussée vers cette évolution.

C'est par cette trouée du Yunnan, c'est par cet accès par terre à l'empire chinois que nous pouvons devenir une colonie féconde et prospère, et c'est le lendemain de la signature du traité de paix, en raison même du but que poursuit l'Angleterre en Birmanie, que nous aurions dû, coûte que coûte, établir une voie ferrée solide jusqu'à Laokaï.

Il ne faut point perdre de vue quel est le mode de vie politique en

Chine ; les vice-rois, tout en conservant la déférence et le respect vis-à-vis du gouvernement central, ont une autorité royale dans leurs provinces, et c'est à eux qu'appartient toujours de fait l'initiative des applications nouvelles. Dans notre conviction, des chemins de fer établis jusqu'à la frontière de leurs provinces entraîneront fatalement la création de prolongements de ces lignes ferrées sur leur propre territoire ; mais que cette décision, — qui doit ouvrir un large marché à notre industrie métallurgique, — soit obtenue plus ou moins vite, il est un résultat indéniable que provoquera au Tonkin l'établissement d'une voie de communication à la mer, sûre, solide et rapide : ce sera de drainer progressivement le commerce des provinces méridionales de la Chine, et de créer une voie de transit à la mer, à laquelle le commerce s'habituera.

Quand un courant semblable est établi, on est de taille à lutter contre bien des concurrences.

Ces concurrences seront multiples :

En effet, les provinces méridionales de la Chine, surtout le Yunnan et ses provinces adjacentes, le Tse-tchuen et le Kouei-tcheou vont se trouver en présence de quatre voies différentes pour avoir accès à la mer :

1° La voie qui consiste à rejoindre le Yan-tse-Kiang au point où il se trouve navigable pour les grands steamers ;

2° La voie qui consiste à rejoindre dans le Kouang-sse le confluent de la rivière des Perles (rivière de Canton) et à amener à Canton, par les deux Kouang, les produits desdites provinces ;

3° La route par le Tonkin, par les différents points qui nous sont ouverts en vertu du traité de commerce ;

4° La route que les Anglais établissent par la Birmanie.

De ces quatre routes, les deux premières sont sur le territoire chinois, et l'intérêt bien entendu du gouvernement chinois serait de perfectionner rapidement ses propres voies de communications, pour conserver sur son propre territoire le transit du produit de ses provinces ; mais il s'écoulera encore du temps avant qu'il ne puisse entreprendre de grands travaux intérieurs, et surtout faire disparaître le régime vexatoire des douanes locales. On peut affirmer, dès à présent, que le transit aura une tendance naturelle à se porter là où il y aura des routes sûres et des droits fixes.

C'est indiquer que ce transit se portera vers les voies du Tonkin et de la Birmanie, et qu'il choisira entre ces deux voies celle qui lui offrira le plus d'avantages. Il n'est point difficile d'en conclure également que, si nous laissons l'Angleterre aborder avant nous la frontière de la Chine par la Birmanie, le commerce s'habituera à converger sur ce point; notre influence sur le vice-roi du Yunnan en sera amoindrie, car cette influence se mesure en Chine surtout sur la somme des intérêts engagés de part et d'autre; et nous aurons laissé échapper le bénéfice d'une situation privilégiée.

Gouverner des Annamites et leur faire produire du riz sera une triste compensation à la position fondamentale que nous faisait espérer cette possession du Tonkin pour l'ouverture du vaste marché chinois.

Oui, si le gouvernement sait s'y prendre, le Tonkin peut devenir le plus vaste entrepôt des produits qui vont être nécessaires à l'empire chinois pour l'évolution industrielle à laquelle il marche malgré lui, mais fatalement.

Mais, pour l'amour de Dieu, que la métropole prenne l'initiative des mesures qui nous créeront des routes commerciales aboutissant aux provinces limitrophes chinoises.

Qu'on nous fasse des routes, et non pas des projets de routes; le chemin de fer est le grand transformateur, le grand civilisateur de ces peuples de l'Extrême-Orient, et nous nous rappelons cette parole d'un colonel anglais aux Indes, à qui son gouvernement annonçait l'envoi d'un bataillon. en raison de quelques troubles dans son district : « Gardez votre bataillon, répondait-il à son gouvernement, et envoyez-moi un kilomètre de rails. » Qu'on nous fasse un chemin de fer qui parte de la mer pour aboutir au Yunnan, et qu'il soit fait à l'américaine, rapidement et solidement. Qu'on ne nous envoie pas des chemins de fer en miniature, bons pour les villes et leurs environs; qu'on nous donne un chemin de fer à large voie, avec des rails d'acier, capable de transporter les marchandises lourdes. Avec des travaux au Tonkin, les restes de piraterie disparaîtront bien vite ; les chefs de bande deviendront les chefs d'équipes de travailleurs. Que le gouvernement mette la construction de ces lignes ferrées à l'adjudication, il trouvera des adjudicataires; car si le gouvernement veut construire lui-même, les lignes ferrées coûteront cinq fois plus cher, si jamais encore elles se font, et nous continuerons à piétiner sur place en face de projets, contre-projets ;

s'il faut, pour la construction de ces lignes, une participation de la part du gouvernement, ce sera certes l'emploi le plus fécond des sacrifices de la métropole. Autrement, l'avenir de la colonie est compromis; on laisse s'établir les grands courants commerciaux par la Birmanie et le Yan-tse-Kiang, et notre possession, isolée de la Chine par l'absence d'intérêts communs, deviendra la terre légendaire d'actes de piraterie, où l'élément militaire pourra trouver un champ fertile d'avancement, mais où la métropole n'aura que la déception de voir s'évanouir les débouchés commerciaux qu'elle était en droit d'espérer.

DEUXIÈME PARTIE

Examen de notre traité de commerce avec la Chine.

Le dimanche 26 juin 1887 a été signée à Pékin la double convention consacrant la délimitation des frontières du Tonkin et de la Chine, et fixant les clauses du traité de commerce avec la Chine. — Ce fut l'épilogue de cette longue question qui pendant plus de quatre ans avait si souvent passionné l'opinion publique en France.

Lorsqu'à la suite du traité de paix du 9 juin 1885, M. Cogordan fut envoyé en mission à Pékin pour y arrêter les termes du traité de commerce, les conditions particulières dans lesquelles le traité de paix avait été conclu, à la suite de la chute d'un ministère tombé par une surprise précisément sur cette question du Tonkin, le travail de la délimitation des frontières à peine commencé, les clauses mêmes du traité de paix accordant à la Chine le droit d'établir des consuls au Tonkin, ne lui rendaient pas la tâche très facile ; aussi le traité de commerce qu'il conclut avec la Chine, à la date du 25 avril 1886, s'en ressentit : l'interdiction du commerce de l'opium avec les provinces limitrophes du Tonkin, le droit consacré pour les Chinois d'établir des consulats au Tonkin, le faible rabaissement du tarif général des douanes maritimes chinoises, en vigueur dans les ports ouverts en Chine, soulevèrent immédiatement les protestations des chambres de commerce de Haï-phong et de Hanoï, et notre résident général, M. Paul Bert, se faisant l'interprète et le défenseur de leurs vœux, demanda énergiquement aux Chambres françaises de ne point ratifier le traité.

C'est dans ces conditions que M. Constans fut envoyé en mission extraordinaire près de la Cour de Pékin : la haute autorité dont il jouissait au Parlement, sa qualité d'ancien ministre en France, devaient peser d'un poids considérable dans les décisions du Tsong-li-yamen.

Cependant la tâche dont il était chargé n'était point exempte de difficultés. — Il est assez délicat de faire comprendre à des Orientaux, dont le désir secret serait de voir tous les Européens au diable, qui subissent malgré eux la loi fatale en vertu de laquelle, aujourd'hui moins que jamais, en raison des moyens rapides de communications de la pensée et de la matière, il n'est plus permis à aucun peuple de s'isoler, mais qui par leurs traditions et leur milieu considèrent que n'importe quel traité avec les Occidentaux est encore une concession nouvelle qui leur est arrachée, il est assez délicat de leur faire admettre que lorsqu'on est arrivé à un accord avec le représentant d'un gouvernement, tout soit à refaire à nouveau ; ils ne se font point une idée exacte de l'influence de l'opinion publique dans nos régimes parlementaires, et le principal souci des ministres qui entourent l'Empereur est de sauvegarder toujours dans ces sortes de négociations les rites de l'empire et la face du gouvernement.

C'était là l'une des premières difficultés à vaincre pour M. Constans, pour les nouvelles propositions qu'il venait apporter au gouvernement chinois ; nous dirons plus loin par quel concours de circonstances il a pu faire signer au gouvernement chinois une nouvelle convention qui transforme avantageusement les conditions de nos relations commerciales futures du Tonkin avec la Chine, et qui a surtout le très grand mérite d'avoir fait disparaître toute éventualité de conflit futur.

La convention comprend dix articles que nous allons examiner successivement.

L'article premier a trait à la mise en vigueur du traité de commerce après les ratifications, étant entendu que toutes les clauses inscrites dans le traité du 25 avril 1886, non modifiées par ladite convention, restent intactes.

Ces clauses ont trait généralement aux facilités accordées pour l'installation des consulats, à la sécurité des Français ou protégés français voyageant en Chine, à la délivrance de leurs passeports, aux passes de transit pour les marchandises achetées dans l'intérieur de la Chine, au mode de déclarations à faire aux douanes chinoises, à la juridiction criminelle, fiscale ou autre sous le régime de laquelle seront placés tant les

Chinois résidant au Tonkin, que les Français ou protégés français résidant en Chine, au droit d'extradition.

La réglementation de toutes ces questions a été puisée dans notre traité général du 27 juin 1858 avec la Chine; il y avait là peu d'innovations à faire.

L'article deuxième détermine les points ouverts au commerce, et où la France établira des consulats.

Ces points sont au nombre de trois, au lieu de deux, comme l'indiquait le traité de commerce du 25 avril 1886, ce sont : Long-tcheou dans le Kouang-sse, au delà de Langson.

Mang-tseu dans le Yunnan et Mang-hao sur la route fluviale entre Laokaï et Mang-tseu.

Mang-hao, l'un des principaux marchés du Yunnan, se trouvait tout indiqué. En obtenant Mang-tseu au delà de Mang-hao dans le Yunnan, nous nous trouvons en plein dans le bassin houiller et minier du Yunnan ; notre influence pourra donc s'y faire sentir, et le jour où nous aurons établi entre Laokaï et la mer une voie de communication facile et sûre, le Tonkin peut espérer bénéficier du transit que provoquera indubitablement l'exploitation perfectionnée de ces mines.

L'article troisième stipule que les marchandises étrangères introduites en Chine auront à supporter les droits du tarif maritime des ports ouverts, diminués de trois dixièmes ; et que les marchandises chinoises importées au Tonkin auront à supporter le tarif général maritime des ports ouverts, diminué de quatre dixièmes.

Ce sont là des dégrèvements importants, qui ne pourront que faciliter les relations commerciales, non seulement avec le Kouang-sse et le Yunnan, mais aussi avec le Tse-tchuenn et le Kouei-tcheou, ces deux provinces les plus riches de la Chine, adjacentes au Yunnan, mais qui sont enclavées et qui n'ont jusqu'à ce jour de débouché avec la mer qu'en rejoignant par des moyens lents et coûteux le grand fleuve du Yan-tse-Kiang, au point où il devient navigable.

L'article quatrième stipule que dans le cas où des marchandises chinoises, exportées au Tonkin et ayant payé le droit d'importation, sortiraient de nos possessions par un port annamite, ces marchandises auront à payer

un droit d'exportation, lorsqu'elles seront dirigées vers un port n'apparte-
nant pas à la Chine ; — aux termes de l'article 11 du traité du 25 avril 1886,
ces marchandises, à leur sortie du Tonkin, ne pouvaient être grevées d'aucun
droit d'export. C'était une faveur qui ne se justifiait pas.

L'article cinquième stipule que l'exportation de l'opium indigène au
Tonkin aura à supporter un droit de vingt taels par picul (cent livres françaises) et que tous les droits de douanes intérieures, likin, etc., ne pourront
pas dépasser vingt taels. (Le tael varie avec le change et vaut actuellement environ 6 francs.)

Le traité du 25 avril 1886 interdisait le commerce de l'opium avec la
Chine. Pour bien comprendre l'importance de cette clause qui tenait au
cœur des négociants du Tonkin, il faut se rappeler que l'une des principales
sources de revenus se trouve dans la consommation de l'opium, qu'en
Cochinchine nous sommes tributaires des Indes anglaises pour ce produit,
et qu'en admettant l'interdiction de l'opium indigène du Yunnan, qui est
réputé très bon, nous placions également le Tonkin dans cette obligation
d'acheter l'opium aux Indes anglaises.

L'usage de l'opium est devenu une nécessité pour tous ces peuples de
l'Extrême-Orient, comme l'usage du tabac est devenu une nécessité chez
nos populations européennes — l'abus seul produit des effets funestes ;
c'est par l'effet de cette consommation générale que ce produit est devenu
une source importante de revenus.

Il ne faut donc point s'étonner si les conseillers anglais avaient pesé de
toute leur influence près du gouvernement chinois pour maintenir l'interdiction du commerce de ce produit avec les provinces limitrophes du Tonkin,
ou tout au moins pour le faire frapper d'un droit tellement élevé, que l'opium
indigène du Yunnan n'eût pu faire concurrence à l'opium des Indes. (Les
Chinois demandaient à un moment un droit de cent dix taels par picul.) —
Notre envoyé extraordinaire a pu faire comprendre au gouvernement chinois,
qu'en s'obstinant à maintenir des droits aussi élevés, il servait beaucoup
plus les intérêts anglais que les siens propres, et il a eu gain de cause. Si
l'on s'était borné à inscrire dans le traité le tarif d'importation de vingt
taels, la clause eût risqué beaucoup d'être illusoire, car les autorités
locales auraient pu grever ce produit des charges multipliées de toutes les
douanes intérieures, likin et autres ; l'élasticité des tarifs de ces douanes

intérieures est en effet l'arme avec laquelle les Chinois peuvent le plus sûrement empêcher le commerce qui leur déplait.

L'introduction de la clause qui fixe au maximum de vingt taels tous les droits de douanes intérieures rend donc effectif et possible le commerce de ce produit, et coupe court à toute difficulté ultérieure, de détail.

L'article sixième stipule que tous les bateaux de commerce français et annamites pourront circuler de Langson à Caobang et réciproquement en passant par les rivières de San-Ki-Kong et de Caobang, qui relient Langson à Long-tcheou et Caobang, moyennant un tarif de 5/100 par tonne; les marchandises pourront circuler également par les routes mandarinales, en payant à l'entrée et à la sortie les droits stipulés ci-dessus, sans autres droits de likin.

Nous estimons que cette clause sera l'une des plus fécondes pour l'avenir des relations commerciales avec la Chine; pour nous qui avons assisté, il y a près de trente ans, à l'ouverture du Yan-tse-Kiang, cette grande artère commerciale de la Chine, nous nous rappelons encore avec quelle rapidité les grands steamers de rivières, qui remplaçaient la navigation si longue et si pénible des jonques, ont attiré à eux le transit des produits des provinces que traverse le fleuve, grâce à la sécurité du transport et à la disparition des tarifs vexatoires des douanes locales; et nous sommes convaincu qu'une grande partie des produits du Kouang-sse viendront prendre pour les mêmes raisons la voie du Tonkin. Actuellement ces produits n'ont d'autre débouché vers la mer que Pakoï et Canton, mais pour arriver à ces deux points, il leur faut traverser des régions encore peu sûres, subir tous les droits de likin de village à village, pour ainsi dire. En prenant la route fluviale qui leur est assurée par cet article sixième, ils n'auront plus à payer, en sus des droits stipulés par le traité, qu'un droit insignifiant de 5/100 par tonne. Que notre administration au Tonkin établisse des routes sûres et relativement peu coûteuses : 1° de Laokaï à la mer ; 2° de Langson et Caobang à la mer, ce seront les deux suçons qui aspireront au Tonkin une grande partie du transit des provinces limitrophes chinoises.

L'article 7 établit que la France jouira de plein droit et *sans autres négociations*, de tous les privilèges commerciaux et politiques accordés à la nation la plus favorisée entre la Chine et les pays situés au sud et sud-ouest de l'empire chinois.

Quelle que soit l'habileté d'un négociateur, il ne saurait prévoir toutes les éventualités de l'avenir ; la Chine va se trouver en contact par le Tonkin et la Birmanie, avec deux puissances européennes, la France et l'Angleterre ; nous étions les premiers à conclure notre traité de commerce avec la Chine ; bientôt l'Angleterre allait conclure le sien en ce qui concerne la Birmanie,—il était essentiel pour la sécurité de nos rapports politiques avec la Chine, pour l'intérêt commercial de notre possession du Tonkin, que l'avenir ne nous apportât aucune surprise. C'est donc un acte de sage prévision d'avoir inséré la clause précédente dans notre traité avec la Chine.

L'Angleterre, avec la grande expérience que lui donne son commerce considérable avec l'empire chinois, pourra faire le traité qui lui conviendra, elle sait désormais à l'avance que toute faveur politique ou commerciale inscrite dans son traité sera inscrite, *ipso facto*, sans autres négociations dans notre propre traité; le gouvernement chinois ne pouvait longtemps s'opposer à l'insertion d'une clause qui sauvegarde ses intérêts aussi bien que les nôtres.

Les article 8ᵉ, 9ᵉ et 10ᵉ ont trait à l'échange des signatures, à la mise en vigueur des différentes clauses, à la ratification de la convention.

Telle est cette convention qui, inspirée par les vœux des chambres de commerce du Tonkin, ouvrira, nous l'espérons, des rapports loyaux d'échanges commerciaux entre le Tonkin et la Chine.

Il y est joint une annexe, revêtue du sceau de l'empereur, ayant par suite la même force et le même caractère diplomatique que la convention elle-même et qui nous donne satisfaction sur le point le plus délicat que nous avions à aborder avec le gouvernement chinois, nous voulons parler du droit que lui reconnaissait le traité du 9 juin 1885, d'établir des consulats dans les principales villes du Tonkin, droit qui avait été consacré à nouveau par le traité de commerce élaboré par M. Cogordan.

Quand un pays a été aussi profondément troublé par la guerre, quand naguère encore la Chine combattait pour maintenir des droits de suzeraineté, périmés il est vrai, mais dont le souvenir avait été ravivé par la lutte, l'installation de consuls chinois dans les principales villes du Tonkin aurait été certainement un élément perpétuel de discordes ; les populations n'y auraient vu que des chefs déguisés ; l'œuvre de la pacification s'en serait certainement ressentie. — C'est en ménageant la forme, c'est en ne heurtant pas l'amour-propre du gouvernement chinois, que notre envoyé extraordinaire a pu faire supprimer une clause dangereuse, source de conflits futurs, mais dont cependant, en droit, les Chinois pouvaient exiger le maintien, puisqu'elle était inscrite dans le traité de paix du 9 juin 1885, et consacrée par le traité de commerce du 25 avril 1886.

Il est donc entendu que le gouvernement chinois renonce à envoyer des consuls au Tonkin, jusqu'à l'époque où le gouvernement français jugera que leur introduction est sans inconvénients pour le pays ; il est entendu de plus qu'à cette époque, dont la date dépend absolument du gouvernement français, si le gouvernement chinois établit des consuls à Hanoï et à Haï-phong, il ouvrira en même temps deux nouveaux points au commerce français : l'un à Yunnan-fou dans la capitale du Yunnan, l'autre dans la capitale du Kouang-sse, points où la France établira de son côté des consulats.

La convention de la délimitation des frontières du Tonkin avec la Chine a été signée en même temps que la convention commerciale.

Cet instrument comporte donc trois documents :

1° La convention commerciale ;

2° L'agrément par lequel la Chine renonce à établir des consulats au Tonkin ;

3° La délimitation des frontières.

Le règlement simultané de cette dernière question n'a point été étranger à l'heureuse réussite des négociations entamées par notre envoyé extraordinaire.

Nous avions toujours pensé que les deux questions de commerce et de délimitation se tenaient étroitement ; qu'elles devaient se régler en même temps, pour ne point laisser, en en réglant une séparément, le champ ouvert aux lenteurs traditionnelles du gouvernement chinois.

La délimitation des frontières était l'arme dont on pouvait se servir avec le plus d'utilité pour obtenir les avantages commerciaux que l'on poursuivait.

L'événement est venu justifier cette prévision, et le ministre de France a pu se servir avec habileté de l'incident de Paklung pour faire tomber les dernières résistances chinoises.

Nous avons au Tonkin, par le traité de délimitation, une frontière

chinoise de plus de 800 kilomètres ; nous avons obtenu un territoire impor-
tant du côté des tribus laotiennes, et, certes, ce long contact avec la Chine
doit nous permettre, si les conditions économiques des deux pays s'y prêtent,
d'établir et de nouer des relations commerciales importantes.

Restait Paklung, point indécis que réclamaient en même temps la
France et la Chine, point d'une importance secondaire, si l'on considère que
Haï-phong (ou tout autre point dans la baie d'Along, qui nous appartient)
est le seul et véritable port du Tonkin.

Pour maintenir l'exigence de la possession de ce point, il eût fallu tout
au moins présenter au gouvernement des preuves démontrant que ce point
était annamite.— Or, loin d'exister, quand la Commission de délimitation a
voulu les rechercher, il s'est trouvé qu'elles se sont retournées contre notre
prétention, par le fait surtout d'un antécédent que le gouvernement chinois
a pu nous opposer : ce sont les cartes de M. de Kergaradec, indiquant la
frontière annamite le long des provinces chinoises, cartes qui ont été la base
des travaux de la délimitation, et sur lesquelles Paklung est indiqué comme
territoire chinois.

C'est en se servant habilement de ce point contesté que notre envoyé
extraordinaire a pu clore enfin d'une manière heureuse toutes les questions
irritantes du passé.

Est-ce à dire que le traité qui vient d'être conclu soit désavantageux
pour la Chine ?

Pour qu'un traité de commerce soit fécond dans ses résultats, il doit
ménager les intérêts réciproques des deux parties contractantes: et, à ce
titre, la Chine, qui ne signe encore qu'à contre-cœur tout nouvel arrangement
avec les Européens, comprendra bien vite qu'elle est appelée en première
ligne à bénéficier de ce nouvel état de choses. En effet, avant notre occupation
du Tonkin, la Chine ne possédait plus qu'une suzeraineté nominale sur ce
pays infesté de pirates ; la rébellion des Taipings, la révolte des mahométans
avaient dépeuplé et appauvri les provinces du Kouang-sse et du Yunnan ; le
brigandage était resté à l'état d'institution sur ces frontières indécises. —
La pacification du Tonkin, qui marche rapidement par nos soins, assurera
par contre-coup la tranquillité sur les frontières chinoises, et chez ce peuple
éminemment travailleur, la population affluera bien vite à nouveau dans ces
provinces si longtemps troublées.

Notre œuvre au Tonkin ouvrira donc aux provinces chinoises limitrophes et adjacentes, enclavées au milieu des terres, un débouché vers la mer, qui leur manquait. Qu'aurait pu faire de plus avantageux pour elles l'administration la plus sage de leur pays ? A un autre point de vue, si nous examinons le caractère et le tempérament du peuple annamite, nous trouvons chez lui le goût de l'agriculture, limité en grande partie actuellement à la culture du riz.

L'Annamite n'est point commerçant ; la race chinoise, au contraire, est née pour le commerce, et nous la voyons partout dans les straits-settlements, depuis Hong-kong jusqu'à Colombo, pénétrer d'une matière mathématique, apportant partout son travail et son instinct de l'échange.

Si par contre nous tenons compte du climat du Tonkin, il est une vérité bonne à dire, pour éviter les déceptions de l'avenir, c'est que c'est un climat absolument opposé à l'immigration de la race blanche, en tant que travailleurs manuels. Les Français pourront et devront s'y installer comme chefs de grandes maisons commerciales et industrielles, comme directeurs de toutes les créations qui pourront en dépendre.

Le confortable dont jouit l'Européen dans ces conditions, la facilité et même l'obligation qu'il a de retourner de temps en temps en Europe, lui rendent supportable le séjour dans ces pays éloignés. Mais ce serait une mauvaise action que d'entraîner de simples travailleurs à aller chercher sous un ciel inclément une aisance qu'ils n'y trouveraient pas. Si la France a un trop-plein de population, est-ce qu'elle n'a pas à ses portes, en Algérie, en Tunisie, que l'habileté d'un de nos ministres a su conquérir à la France, tous les éléments d'une émigration naturelle ?

L'introduction de la race chinoise dans notre possession du Tonkin jouera donc un grand rôle, comme elle l'a fait en Cochinchine, au point de vue des échanges à établir avec la Chine ; elle y sera sans danger, du moment que la clause de l'introduction de consuls chinois a été supprimée. — Le Chinois obéit facilement à des lois équitables ; c'est un grand payeur d'impôts ; il est facile à gouverner. Nous en avons un exemple frappant dans notre concession de Shanghaï, habitée par 40,000 Chinois, tous payant des taxes, et chez lesquels l'ordre est maintenu par une police municipale de 37 Français et de quelques constables indigènes.

Les traités de commerce, quelque bien faits qu'ils soient, ne suffisent point malheureusement pour changer du jour au lendemain la situation économique des pays. Ils protègent le présent, ils tâchent de réserver et de sauvegarder l'avenir; mais ce serait une grave illusion de s'imaginer qu'au Tonkin surtout, pays troublé depuis si longtemps, ils puissent avoir le pouvoir de la baguette magique qui transformerait instantanément les conditions précédentes de travail, de production et d'échanges. — Jusqu'à ce jour les négociants français qui sont venus au Tonkin ont vécu principalement sur les besoins du corps expéditionnaire; il ne pouvait en être autrement pendant la période du conflit. — Aujourd'hui le corps expéditionnaire a diminué, et le sera progressivement, rapidement nous l'espérons, à mesure que l'œuvre de la pacification s'accentuera.

La véritable question commerciale est donc posée, et le traité de commerce ne peut avoir que la seule prétention d'être l'instrument dont nos commerçants sauront se servir plus ou moins habilement; et puisque nous avons la juste prétention de faire servir notre nouvelle possession à l'inauguration d'échanges commerciaux avec la Chine, il n'est peut-être pas hors de propos de jeter un coup d'œil en arrière sur la marche qu'ont suivie les échanges commerciaux entre la Chine et l'Europe depuis les traités de 1858 et 1860 principalement, et de regarder face à face et sans découragement la faible part qu'a prise la France dans ce mouvement énorme d'échanges. Il sera alors peut-être plus facile d'en retrouver les causes.

La Chine a aujourd'hui dix-neuf ports ouverts au commerce du monde, où toutes les nations étrangères jouissent par les traités de droits analogues, où le commerce d'import et d'export est soumis à un tarif uniforme, appelé le tarif général d'import et d'export des douanes maritimes chinoises.

Si l'on jette un coup d'œil sur le mouvement d'import et d'export du commerce étranger avec la Chine, on voit d'après les statistiques régulières des douanes, que ce mouvement s'élevait net en 1870 à la somme de 118,988,134 Haikouang taels (la valeur du Haikouang tael varie avec le change, elle est actuellement d'environ six francs), pour atteindre en 1885 le chiffre de 153,205,729 H. taels, c'est-à-dire près d'un milliard.

Sur ce chiffre de 153,203,729 H. taels, pour l'année 1885, il en revient

à l'Angleterre et à ses colonies 118,959,571 H. taels, le reste est réparti de
la manière suivante entre les différentes autres nations :

L'Europe . . . . H. taels.	9.822.717
La Russie (voie de Kiakta, Odessa, Manchourie). .	4.147.023
La Corée	145.437
Le Japon.	6.755.215
Les îles Pilippines.	324.697
La Cochinchine	304.699
Siam.	579 953
Java	485.196
Turquie et Egypte	370.753
Amérique du Sud	4.168
Les Etats-Unis	11.643.124

Parmi les marchandises d'exportation, la soie et le thé tiennent la
principale place ; les cotonnades, les étoffes de laine et l'opium constituent
le fond des marchandises d'import.

Quelle est la part que les négociants français ont prise dans ce vaste
mouvement commercial ? Les chiffres ci-dessus sont malheureusement trop
éloquents, et si l'on excepte quelques maisons sérieuses pour l'achat des
soies à Shanghaï, on peut dire que nous n'avons pas su entamer le marché
chinois pour obtenir des débouchés à notre industrie ; cependant les traités
conclus à la suite de la guerre de 1860 faisaient la situation égale pour tous ;
les concessions que nous avons demandées et obtenues dans les différents
ports ont été abandonnées, sauf celle de Shanghaï, qui vit par son caractère
cosmopolitain et les 40,000 Chinois qui sont venus s'y fixer volontairement
sous le régime de nos règlements municipaux, et celle de Tientsinn qui
commence à se développer.

Si notre industrie nationale n'a pas su prendre sa place dans ces
dix-neuf ports ouverts à l'échange entre l'Orient et l'Occident, il faut en
rechercher la cause dans deux vices qui pèsent lourdement sur notre
industrie nationale :

1° Le prix exorbitant de nos transports intérieurs, qui fait que nos
produits d'exportation payent autant pour être transportés du lieu de
production au point d'embarquement, que de ce point d'embarquement aux
points les plus éloignés du globe ;

' 2° L'entêtement où se sont maintenus nos usiniers de vouloir imposer leurs produits dans leurs formes et leurs qualités, au lieu de subordonner ces formes, ces qualités et ces couleurs au goût des peuples chez lesquels ils veulent les faire adopter. Depuis que la Chine est ouverte, on le leur répète à satiété, mais inutilement ; il faut fabriquer à bon marché et se conformer au goût chinois.

Il n'y a point de mode en Chine ; le luxe extérieur y est inconnu ; le costume ne varie point, il est traditionnel. Ce peuple, qui a résolu l'un des problèmes les plus difficiles dont la solution s'impose à notre triste humanité, celui de pouvoir manger tous les jours, grâce au travail, a un terme d'échange excessivement bas : la sapèque représente à peu près comme valeur la millième partie d'une piastre, et un Chinois subvient à ses besoins avec quelques sapèques par jour; il lui faut des marchandises peu coûteuses, et on ne saurait empêcher le consommateur de s'adresser pour ses besoins au meilleur marché.

Nous avons l'avance, au Tonkin, sur les Anglais ; nous serons les premiers à arriver sur les marchés chinois ; c'est aujourd'hui à l'initiative de nos négociants français de mettre en œuvre les moyens voulus pour arriver à fabriquer à aussi bon marché les produits similaires anglais et allemands, — cela n'est point impossible ; somme toute, l'introduction des matières premières est presque franche de droits d'entrée en France ; que nos usiniers aient le courage de transformer l'ancien outillage, de s'inspirer du goût du consommateur, de faire les sacrifices nécessaires pour créer des manufactures près des ports de mer, de manière à éviter les droits énormes de transport par les chemins de fer, nous pourrons alors avoir la perspective d'entamer sérieusement ce vaste débouché chinois, débouché qui ne fera que grandir pendant toute la période d'évolution de transformation qui s'ouvre pour cet empire. Autrement, le but qui était d'ouvrir des débouchés à notre industrie sur un grand marché semble s'obscurcir; et nous serons destinés encore, après avoir fait les sacrifices de la conquête, à ne conserver que la responsabilité quelquefois périlleuse de la sauvegarde du pays, pour rester les simples spectateurs, — ou les simples commissionnaires d'un commerce étranger à la France.

Si nous n'avons pas su prendre notre place commerciale dans les ports que le traité de 1860 ouvrait au commerce du monde, si en Cochinchine même nous voyons prédominer les maisons allemandes et anglaises, tâchons de ne pas commettre les mêmes fautes pour notre possession du Tonkin : c'est par des échanges de produits que des liens étroits s'établissent entre les pays, et que se consolident des traités de commerce ; et une colonie qui n'échange-rait rien avec la Métropole porterait bien vite ses sympathies vers la nation avec laquelle elle se serait créé des intérêts réciproques. L'Angleterre, avec son vaste outillage industriel, a beau jeu à préconiser l'application du libre échange ; mais le jour — et ce jour est proche — où d'autres nations pro-duiront à aussi bon marché qu'elle, on la verra naturellement protéger toutes ses possessions coloniales contre l'envahissement des produits étran-gers similaires aux siens. Somme toute, le Tonkin nous a coûté assez cher pour que nous y soyons un peu maîtres chez nous, et que nous puis-sions y protéger dans une mesure équitable notre industrie nationale.

Combien il a fallu d'efforts pour arracher successivement au gouver-nement chinois l'ouverture de ports au commerce ! mais, par contre, on a vu avec quelle rapidité le peuple chinois lui-même, les marchands, acceptaient ces nouvelles relations commerciales. Le Tonkin nous donne l'accès par terre au cœur même de l'empire chinois, et il dépend de nous d'y prendre une position formidable, si nous y créons rapidement nos voies ferrées partant de la mer jusqu'à la frontière chinoise ; les points terminus de ces lignes deviendront des villes florissantes où les principaux marchands chinois viendront s'établir, de même que les concessions de Shanghaï, de Tientsinn, qui n'étaient dans le principe que des marais malsains, se sont transformées en centres commerciaux, où le confortable et la richesse ne le cèdent à aucun autre point du globe ; le riche négociant chinois y afflue, paie de gros impôts, se soumet volontiers à nos règlements, parce qu'il s'y trouve dans une certaine mesure à l'abri des exactions de ses mandarins. C'est lui qui, par la force des corporations dont il fait partie, sert de courtier merveil-leux pour étendre notre commerce ; c'est lui qui en présence de routes sûres et rapides nous amènera le transit des provinces méridionales de la Chine, et comme tout mouvement d'exportation produit un mouvement correspon-dant d'importation, c'est lui qui sera l'âme du courant d'échanges entre la Chine et le Tonkin, par conséquent entre les produits de la Chine et les produits importés au Tonkin. Ce serait par trop simple que ces produits importés au Tonkin fussent exclusivement des produits anglais, allemands ou américains ; car nous pourrions bientôt appliquer au Tonkin cette appréciation d'un voyageur à qui nous demandions dernièrement ce qu'il avait vu à Saïgon : « J'ai vu trois navires qui chargeaient : deux portaient pavillon allemand, le troisième portait pavillon anglais ; et dans la colonie, il y avait dix-huit cents fonctionnaires qui protégeaient ces opérations. »

Eugène PALLU DE LA BARRIÈRE.

24, rue des Fossés-Saint-Bernard, Paris.

En vente à la Librairie Paul Dupont, 4, rue du Bouloi, Paris. — Prix : 1 franc, *franco poste.*

Paris.-Imp. PAUL DUPONT 1112.10 90 r

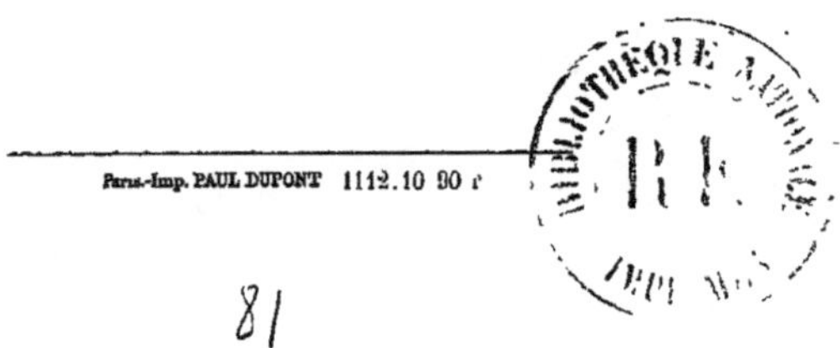